고요는 무채색

권정숙 시집

고요는 무채색

인쇄| 2019년 9월 20일
발행| 2019년 9월 25일

글쓴이| 권정숙
펴낸이| 장호병
펴낸곳| 북랜드
06252 서울 강남구 강남대로 320 황화빌딩 1108호
대표전화 (02) 732-4574 | (053) 252-9114
팩시밀리 (02) 734-4574 | (053) 252-9334

등 록 일| 1999년 11월 11일
등록번호| 제13-615호
홈페이지| www.bookland.co.kr
이-메 일| bookland@hanmail.net

책임편집| 김인옥
교 열| 배성숙 전은경

ISBN 978-89-7787-892-1 03810
ISBN 978-89-7787-893-8 05810(E-book용)

값 10,000 원

권정숙 시집

고요는 무채색

북랜드

시인의 말

시와 만남은 예기치 못한 일이었습니다
우연한 만남이 인연이 되고 인연이 운명을
만들어 주었습니다.

시를 만나 시속에 빠져 시와 뒹굴며
또 다른 삶의 그림을 그리려 합니다

삶에 정답이 없듯 시에도 정답이 없다고 믿기에
용기를 내, 나무 몇 그루 제물로 삼아
졸시를 바치려 합니다.

제 설익은 몇 편의 시가 누구에겐가
위로의 손수건이 되기를 빌어 봅니다.
지금껏 나를 지켜주고 도와준 모든 분들께
하나님의 축복이 있기를 진심으로 기도 드립니다.

2019 초가을 비슬산 아래서
권 정 숙

차례

2부 너무 좋아 불안한

3부 나의 작은 유령

4부 유혹

5부 산딸나무 꽃

1부

고요는 무채색

고요는 무채색

먼 길 돌아온 적막한 발걸음 위로
노을이 내려앉아 이제 그만 쉬라 하네

적막이 가져다 준 고요는 무채색
애오라지 노을만 하늘을 물들여 가는데
고운 빛깔 바라보는 눈동자에
잔물결 일렁인다
지나온 걸음 걸음, 뒤돌아보니
발자국마다 다른 모양과 색깔
길지도 않은 시간 속에 수많은 무늬를
만들고 지우면서 많이도 애썼구나
가끔 맘에 드는 것도 있지만
모두가 버리고 싶은 허접한 것들뿐
그래도 어쩌랴 살아온 흔적인 것을

그나마 잘 살았노라 자족하면서
하나씩 고이 접어 오동나무 상자에 넣고
노을 진 들녘의 마음을 껴안는다

시와 시인

시란 난센스 퀴즈 같은 것
보이지 않는 것을 보고
들리지 않는 것을 받아 적기에
시인은 광인 같고 예언자 같다
하여 시인은 늘 외롭고 아프다

메마른 땅에서 꽃을 피워내고
자갈밭에서도 생명의 씨를 키운다
나무에서 물고기를 찾아내고*
심해에서 달콤한 과일을 얻어 낸다
우주만물이 친구가 되고
그 친구들의 이야기를 들어주고
들었던 이야기를 세상에 전해준다

겨울여신이 세상을 꽁꽁 얼려 버려도
산속에서 나비 따라 길을 찾아가고
별과 바람이 맞닿은 그곳에서
사의 찬가 목 놓아 부르면서
세상과 이별할 수 있는 사람

* 연목구어 : 맹자가 제나라 선왕에게 한 말.
불가능한 일을 일컬음.

맛있게, 그녀를 먹던 사람

그 사람, 아주 맛있게 먹었지
손가락이 딸려 들어갈 정도로 끝까지 먹었지
아주 흡족한 듯 세상 부러울 것 없는 표정이었어
폐부 깊숙이 짙은 향기를 빨아들여 코로 길게 내뿜었지

희롱하듯 함께 놀았어
동그란 도너츠도 만들고 긴 증기기관차도 만들었지
때로는 파도, 갈매기도 만들어 즐겁게 해 주었지
나는 옆에서 만들어진 것들을 부수면서 놀았지
무엇보다 그녀를 입에 물고 재가 떨어지는 것도 아랑곳없이
자기 일에 열중할 땐
나도 따라 먹고 싶은 충동을 느낄 만큼 아름다웠지

그 사람은 연기처럼 하늘하늘한 사랑을 만들었고
그 사랑은 덧없이 사라졌지
지금은 연기 되어 하늘의 구름으로 살아가는 그 사람
살로메* 같은 그 푸른 연인을 아직도
나만큼 사랑할까

* 살로메 : 헤로디아의 사주를 받아 세례 요한을 죽게 만든 여자.

술잔만 늘어간다

너를 향한 그리움이 한 잔
너를 향한 미움이 한 잔
가을바람이 너를 잊으라며 또 한 잔을 권한다

내 영혼이 가장 편안했던 시간 속
너는 살아 있었고 찬란히 빛났었지
그렇게 빨리 사라지리라 생각도 못 한 채
꿈속에 젖어 달콤함만 탐닉 했었지
배신감이 드는 걸 어쩌라며
비바람, 슬픔이 술을 마시네

이제 거친 바다의 풍랑 다 지나고
고요가 서글픔을 밀고 와 처절한 석양
청춘이 엮은 시간 그립다며
또 술 한 잔 마시자 한다

벽

온통 벽, 벽이 자란다

어릴 때는 아버지 벽이 견고했다
하고 싶은 걸 못 하게 막는 철옹성 같은 벽이었다
학교에 다닐 때는 선생님이 벽이었고
결혼 초에는 남편이 벽이었다
서로 다른 환경에서 자란 고집쟁이들이
자기의 목소리를 높여 불협화음의 연속이었다

아이들이 자랄 땐 자식이 벽,
나름대로 잘 자라 주었지만
도무지 내 맘대로 되지 않는 것이 자식이다
갱년기 접어들고는 건강이 벽이 되었다
내 몸이 억지를 부리며
내게 제대로 인생 공부를 시킨 셈이다

굽이굽이 잘 돌고 넘어왔지만
지금은 시가 벽이다
생애 마지막 벽일 시와 화해를 원하건만

벽이 갈수록 두꺼워지며 아득히 높아만 간다

그럴수록 난 담쟁이의 발을 빌려서라도 악착같이
야금야금 그 벽을 넘어 하늘 문 열고야 말리라

술이 익어가는 항아리

백자항아리에 술이 익어간다
도란도란 수다를 떨면서
뽀글뽀글 맛있게 익어간다

연인들의 상에 오르면
사랑의 합환주가 되고
친구들의 상에 오르면
관포지교의 우정을 만든다
가족들의 상에서는
화목한 분위기 조성되고
시인들의 상에서는
읊조리는 말마다 시가 된다
이처럼 예술가들의 상에서는
불멸이 태어나나니

한 항아리에 숙성된 술이
이토록 다른 열매를 맺으니
사람인들 어찌 다를쏜가

가로등

키다리 아저씨가 울고 있다
푸욱 고개 숙이고 소리 없이 울고 있다
밤새 비가 그의 눈물 자국을 어루만져 주고 있다

매일 사뿐사뿐 걸어와 그에게 기대서서
전화기로 온갖 사연 조잘대던 그녀가 안 보여서일까
구두수선 아저씨의 어깨가 휘적휘적 더 무거워 보여서일까
매일 같은 사람들이 지나가는 골목이지만
늘 다른 모습으로 지나간다

골목 끝집 아가씨의 걸음걸이가 경쾌하면 기분이 좋아지고
걱정에 쌓인 사람들의 무거운 발걸음은 그를 우울하게 한다

비록 한자리에 우두커니 서 있는 것 같아도
골목 안 사람들의 희로애락을 환히 꿰고 있어
같이 기쁘고 같이 슬프다
그들은 자신의 진정한 이웃이기에

나를 버린 남자

첫눈에 반한 단 하나의 남자

처음 만난 날부터 완전히 콩깍지가 씌었다
썩 맘에 드는 외모는 아니었다
약간 부은 듯 부석부석했고
머리숱도 별로 없어 조금은 실망스런 모습이었다
그런데도 운명인지 첫눈에 반했다

남자는 여자하기 나름이라 열심히 섬겼다
맛있는 음식으로 몸을 튼튼하게 만들어 주었고
멋있는 옷으로 남들 앞에 당당히 설 수 있게 했다
공부를 통해 사유와 지식의 폭도 넓혀 주었다
다함없는 사랑으로 스스로 자존감 높은 사람으로 만들었다
하루가 다르게 멋진 남자가 되어갔다

그렇게 공들인 내 남자가 어느 날 바람이 났다
나보다 젊고 예쁜 여자에게 뿅 가버린 것이다
아무리 애원하고 매달려 봐도 소용 없었다
기어코 보따리 싸서 그 여자에게 가고 말았다

>

삼십 년 공부 도로아미타불이다
그래도 어쩌랴
세상에 하나뿐인 내 아들인걸

봄의 어미 겨울

새 생명 봄 딸을 낳으려는 산고가 요란스럽다
산통의 고통은 칼바람이 되어
허공을 난도질한다
하얀 산통 줄에
고드름이 송곳처럼 매달리고
이를 앙다문 대지의 입속에
연둣빛 새순이 숨겨져 있다
그 가녀린 새싹의 힘이 대지를 가른다

아무리 힘들어도
이겨내야만 하는 무서운 산통을
겨울은 어미답게 온몸으로 견디며
끝내 이겨 낸다

움트는 새순은 구슬땀처럼 맺히고
가지마다 핏발이 서는 듯 검푸른 얼룩이 번지다
끝내는 환한 분홍빛 꽃망울을 터트린다

파란 구슬

수많은 별들 중 하나인 지구
멀리 우주에서 바라보면 예쁜 파란 구슬

어릴 때 서양에서 온 구호물자 속에
반짝이는 알록달록한 유리구슬들,
무얼 하는 물건인지 몰라 호롱불에 비춰 보았다
온갖 휘황찬란한 빛들이 그 속에서 반짝이고 있었다
할머니는 그걸 보고 요지경 같다고 했다
오색 무지개 같은 색깔이면 미국
빛 반사가 산란하면 아라사
검고 아름답지 못하면 대국
이렇게 할머니 맘대로 나라 이름을 붙여 주었다
어린 우리 자매는 어디에 있는지도 모르는 세계 각국을
구슬을 통해 맘껏 여행할 수 있었다

지구라는 작고 아름다운 파란 구슬
오늘도 그 속에서
꽃이 피고 새가 울고 바람이 분다

긍정 렌즈

미운 며느리 뒤꿈치 계란 같은 것도 흉이라는데
밉게 보면 모든 것이 밉다

만개한 꽃처럼 환한 보름달을 보면서
저 달이 어찌 저리도 청승스러울까 생각하면
그 마음 이미 청승이요
저 달 속에 토끼 두 마리 떡방아 찧는다 생각하면
그 마음 이미 잔칫날이다

자세히 보고 오래 보면 모두가 예쁜 꽃이다*
키를 낮추어 가까이 다가가 잡초도 꽃으로 보면
그 꽃은 향기로 보답한다
긍정 렌즈 너머 꽃동산이 열리고
그 동산에 시냇물 졸졸 흐르고 꽃이 핀다
개구리와 다람쥐도 시소를 탄다

봄소식이 궁금하면 먼저 봄소식 전하고
웃는 얼굴 보고 싶으면
먼저 웃는 꽃미소 지어 보이자

* 나태주의 풀꽃에서 인용

아름답기에 그대는 꽃이어라

그대의 마음은 순결한 눈꽃이요
그대의 손은 거룩한 사랑꽃
지나간 자리마다 오롯이 행복열매 열리네

외로운 낙조의 친구가 되어
손잡아 주고 안아 주면서
잃어버린 시간들을 채워 주네
다시 아기가 되어버린 사람들에게
언니가 되고 누나가 되어
따뜻하게 정으로 품어주니
뉘라서 그 사랑 감히 흉내나 내어 볼까

잠든 그대의 침실에
살그머니 숨어들어
겨드랑이에 감춘 천사의 날개
몰래 훔쳐보고 싶네

아서라!
들켜버린 사랑의 천사
날개옷 입고 날아가 버릴라

2부

너무 좋아 불안한

너무 좋아 불안한

얼마 전까지만 해도
모든 대역죄는 우리가 짊어졌다
개새끼부터 개만도 못한 놈, 개뿔, 개코, 개떡 등
개도 안 물어갈 개 자가 우릴 괴롭혔다

지금은 세월이 달라졌다
나 몰래 천지가 개벽한 것일까
내가 상전이다
집안 서열도 최상이며
가족들도 비싸 못 먹는 한우를 나는 먹는다

그것뿐인가
이제 머리꼭대기에 왕관처럼 개 자를 쓰고 다닌다
개좋다
개멋있다
개재밌다
개부럽다
개는 best of the best 에만 붙는다

우리는 그저 주인에게 충성이나 하고

사랑받고 싶을 뿐인데
너무 받들어 주니 오히려 불안하다

달밤이면 달을 쳐다보며
없는 성대로 왈왈 짖어보고
화창한 봄날에는
꼬리를 물고 뱅글뱅글 돌면서
불안을 잠재운다

산고

의미 없이 반짝이는 사금파리 아닌
원초적 언어이며
가식 없는 원시적 몸짓의 시를 꿈꾼다

빳빳하게 풀 먹인 이 무명옷을 벗어야
미칠 수 있다는데
미치기가 이렇게 어려울 줄이야

헐떡이며 달려도 채워지지 않는 갈급함
모두 토해 버리고 싶다
태양도 게워내고
초록과 꽃의 웃음마저 게워낸다면

그 빈자리에 시 한 편 꽃피려나
시화가 활짝 웃으며 나를 어루만져 주려나

착각

복잡한 지하철 안
누군가 뒤에서
내 허리를 꼬옥 껴안는다

웬 횡재?

아직도 내 몸을 탐하는
눈먼 사내가 있는가
어쩜 능글맞거나 험상궂은 사람?
그럼 어쩌나

살그머니 돌아보니
기역자로 꼬부라진 할머니
계면쩍게 웃으면서
좀 어지러워서요

하루를 상납하다

하늘이 눈 뜨면 하루가 시작되고
하늘이 눈 감으면 하루가 지나간다
한 번 눈 뜨고 감으면 하루다

이 기적 같은 선물을 설렘 없이
맞는 하루가 어찌 기적의 꽃을 피우겠는가
작은 꽃밭 하나 가꾸려고 온종일 애쓰다
속절없이 하루가 닫힌다

내게 온 귀한 선물 고이 싸서
그대에게 상납이라도 할 수 있다면 좋으련만
오늘도 당신은 어느 스산한 꽃밭에서
날 찾아 헤매이는가

후투티를 아시나요

먼 나라에서 철 따라 여행 온
후투티를 아시나요
머리에 점박이 왕관을 쓰고
가늘고 긴 부리로
쉬지 않고 먹이를 찾는 후투티

가녀리고 날렵한 몸매는
바람처럼 가볍고
갈색의 긴 목은
사슴처럼 고고하다
알록달록한 꼬리가
패션의 완성을 이룬 후투티

가끔은 여행지가 좋아
터를 잡고 정착하기도 하지만
그래도 정든 고향을 잊지 못해
고향으로 돌아가는
아름다운 철새 후투티

천리향의 사랑법

꿈결인 듯 바람처럼 스치고 지나간 사랑
잔향만 남긴 채 홀연히 사라진 그 사랑

내게 전해 준 은은한 향 지키려
얼마나 많은 시간 수고로움 마다하지 않았을까
수많은 벌레들과 사투를 벌였고
뜨거운 뙤약볕 아래 목 타는 갈증에도 시달렸으리라
유혹하는 벌, 나비들이 왜 없었을까마는
오롯이 순수의 향 전하기 위해
하릴없이 밤낮을 고투했으리라

그 사랑은 순간을 스치고 사라져 갔지만
맘속에 남은 향기로운 흔적은
내 삶이 다하는 날까지 잔향을 흩날리며
아련한 그리움 속에서 나와 함께 머물리라

감당할 수 없는 유혹

첫사랑, 그 사람 만난 그날 밤
소주를 마신다

순간의 적막을 감당키 위해
마시고 또 마신다
이슬보다 순수한 방울방울
도랑을 이루며 건조한 목젖을
찌르르 훑고 지나간다

이 짜릿하게 아픈 달콤함은
누구의 선물인가
그립고 아픈 시간의 보상인가
아직도 못 버린 미련을 날려줄 주술인가

빠알간 장미 입에 물고
이 밤의 건조함을 태우고 싶어라
사랑도 태우고 추억도 태우고
그리움마저 태워버리리라

시간 디자이너

아침에 눈 뜨면 하루를 재단을 한다
내게 주어진 스물네 마의 원단을 펼쳐놓고
오늘은 원피스를 만들어 볼까 투피스를 만들어 볼까
이리저리 궁리해서 시간을 재단한다

원피스를 만들다 망치면 스커트를 만들어 보고
스커트도 아니다 싶으면 조끼를 만들기도 한다
제법 그럴듯하다 싶어도 남들은 시큰둥하다
이래저래 손재주 없는 디자이너는 늘 귀한 원단만 망치고 있다
오늘 하루 실패작으로 끝나면 다행인데
없는 재주에 대충하다 보니 매일 습관적으로 망치고 있다

매일 주어지는 스물네 마는 영원히 주어지는 것이 아니다
어느 날 불시에 공급이 중단될 수도 있다는 걸 알건만
제대로 인식도 못한 채 건성건성 불량품만 쌓아간다
결산하는 마지막 날 그동안 제공된 수많은 천으로
무얼 만들었냐고 물으시면 나는 부끄러울 것이다
한 번도 제대로 만든 옷이 없으니까

단 하나의 빛나는 작품도 만들지 못했으니까

그래도 주어지는 시간까지 계속 만들어야 한다
비록 빛나는 불후의 명품이 아닐지라도….
어차피 삶은 미완성이 아니던가

4월의 폭설

시샘 많은 봄바람이
세차게 불던 어느 날
느닷없이 맑은 하늘에서
폭설이 내렸다

햇빛이 쨍쨍 내리쬐이건만
조금도 녹지 않고
바람 따라 이리저리 가벼이
휩쓸려 다닐 뿐
쌓이지도 않는 눈

그것은 그것은
흐드러지게 피기도 전
차디찬 4월의 바다로
침몰하는 벚꽃 눈

소크라테스를 꿈꾸다

하늘이 눈 감으려는 시간
나도 눈 감으려 집으로 가네
눈 감아도 사라지지 않는 그리움 한 자락 잡고
뜬눈으로 밤을 하얗게 지샌다

밤새 못다 지은 집 하나 덩그러니
낮달처럼 하늘에 걸리고
미명의 새벽,
열망의 열매 주렁주렁 달린 나무 아래서
또 하루를 맞는다
의미 없이 반복되는 일상을 탈출하려
어쭙잖은 일탈을 시도해 보지만
거뭇거뭇 어둠이 밀려오면
습관인 듯 발걸음이 집으로 향하는 것을

꿈도 버리고 모험심도 버리고
다 버리고 나면 고요가 찾아올까
이런 흔들림이 행복에 겨운 넋두리일까
그래도 고뇌하는 소크라테스이고 싶어라

움직이는 그림

빗속의 풍경은 하나같이 그림이다

차창에 어리는 빗방울도 그림이고
먼 산의 희뿌연 실루엣은 멋진 동양화 한 폭이다
발걸음을 옮길 때마다 달라지는 그림들
나도 그림 속, 학이 되어 하얀 우산 날개 삼아 날아본다

비가 소리 없이 내릴 때
마음속 감성은 우후죽순처럼 쑥쑥 일어나
야금야금 시를 씹으며 술술 시를 뱉는다
커피처럼 달콤 씁싸래한 멜랑콜리에 젖어들어 본다

빗속에 자라는 건 식물만이 아니리라
하늘도 땅도 사람의 마음까지 부푼다
바람마저 바람이 들어 온 하늘을 휘젓고 다닌다

빗님이 말갛게 씻어 초록으로 물든 지구에
오늘도 역사는 흐르고
역사의 페이지 위에 눈물 속 꽃잎이 여울진다

해바라기

너무 뜨거운 님을 사랑한 죄
가까이 할 수 없는 서러움을 안고
긴 모가지 더 길게 늘려
님 주위를 맴돌기만 하네

님이 보이지 않는 날도
님 계신 곳 향해
애달픈 그리움 날려 보내지만
약속한 님이 몰라주니
샛노란 속이 까맣게 타네

어느 날 님을 만나 아픈 사연 하소연에
따뜻한 미소와 어깨의 토닥임에
서러운 눈물 다 쏟아내고
뜨거운 포옹에 온몸이 다 타서
재가 되어 산산이 흩어져도 좋으리

3부

나의 작은 유령

나의 작은 유령

우리 집에는 작은 유령이 살고 있다
눈에 보이지는 않지만 조그맣고 귀여운 유령,
게다가 꽤 장난이 심하고 예측 불허하는 유령이다

추운 겨울날 창문도 빼꼼히 열어두고
때로는 어이없게도 밤에 현관문도 열어둔다
자주 화장실의 불도 켜놓고 티브이를 켜 두기도 한다
주인인 나 몰래 물건을 감추기도 하지
티브이 리모컨을 핸드백에 넣기도 하고
핸드폰을 냉장고에 감추고
철 따라 옷도 세탁소에 맡겨 주는 친절심도 있다

아득히 먼 옛날의 기억을 불쑥 내밀기도 하고
아름다웠던 첫사랑의 달콤한 속삭임도 갖다준다
이별의 쓰라린 상처를 툭 건드려 줄 땐 조금 얄밉기도 하다

버릴 수도 외면할 수도 없이
끝까지 함께 뒹굴며 가야 할
나의 작은 유령, 건・망・증

속물

남편은 나를 보고 천사라 하네
아마도 그의 바람이겠지

남편은 나를 보고 세상에서 제일 예쁘다 하네
어쩌면 그의 최고 희망사항이 아닐까

남편은 나를 보고 거짓이 없다 하네
혹시 정직하게 살라는 경고일까

남편은 나를 보고 참 따뜻한 사람이라 하네
차가운 마음에 온기를 주려 함이 아닐까

남편은 나를 보고 못하는 게 없다고 하네
잘하는 게 없는 사람에게 위로이겠지

그래도 그래도
그 모든 걸 믿고 싶은 난, 갈 곳 없는
속물이겠지

가끔 삶이 버거워지나요

종합병원 중환자실로 가보라
살기 위해 사투를 벌이는 사람들이 있을 것이다
온몸에 알 수 없는 호스들을 주렁주렁 달고
꺼져가는 가느다란 생명 줄 잡으려고 안간힘 다하고
고요히 숨만 쉬고 누워있는 것 같아도
그 몸속에는 치열한 3차 대전이 진행 중이다

새벽 도매시장을 가보라
일초의 여유나 망설임 없는 삶이
그곳에 적나라하게 펼쳐지고 있다
그 순간만은 어제도 내일도 없다
오직 절실한 그 순간이 있을 뿐이다
옆도 뒤도 돌아볼 여유나 이유도 없다

치열하게 살아라
누구의 눈치도 보지 말고 오직 나만을 위해
주어진 시간 후회 없이 살아야
진정한 기쁨과 보람을 느낄 수 있으리라
열심히 산 자만이 꿈을 이루고
꿈을 통해 나를 찾아, 나의 길을 가게 되리라

한 마리 나비 되어

차마 그에게 건넬 수 없었던 하얀 국화 한 송이
밤새 울어 가슴까지 메마른 채
힘없이 나를 내려다본다
나도 초점 없는 시선으로 멀거니 그 꽃을 바라본다

그와의 뜨거웠던 시간 속에
꽃바람이 휘날렸고 천둥번개가 소리쳤지
수많은 순간들 속에
웃음도 눈물도 다 녹아들었네
이제 차디찬 이별의 아픔만 오롯이 남았구나

그와 난 왜 만나졌을까?
내리는 빗줄기에 아픔도 씻기워지려나?
먼 길 돌고 돌아 또 만나지려나?
헝클어진 상념들을 잠재우지 못하고
그저 멍하니 창밖의 빗소리 듣는다

하얀 국화 그리움 실은 나비 되어
훨훨 날아 그를 따라가고
내 마음도 눈물 같은 비가 되어
그가 누운 곳으로 스며든다

바위가 전해준 말

온 우주의 기를 모아
하나의 형상으로 나타난 너
수없이 윤회하는 빗방울과의 해후에도
호들갑 떨지 않는다

바다도 바람도 겅중겅중 춤출 때도
의연히 침묵으로 말해주는 너
들을 귀 있는 자만 들으리라

꽃은 향기로 외로움을 견딘다는데
향기도 빼어난 자태도 없으면서
의연히 안으로 안으로만 팽창해
해줄 말은 조곤조곤 다 전해주니
어찌 미쁘지 않으랴
네가 전하는 진실에
내 마음은 흥건히 젖어든다

우리들만의 은밀한 정담에
노을은 얼굴 붉히고
바람도 가던 길 멈추고 엿듣는다

반곡지

옛날 옛적에 신선들이
모여 살던 땅
신선들이 사람들에게
농사짓는 법도 가르쳐 주고
사람답게 사는 법도 일러 주었네
기름지고 비옥한 땅에
철 따라 씨 뿌리고 열매 거둬
사람들과 어울려 춤추고 노래하다가

신선들 다 떠나고
신선들 닮은 사람들만 남아
그 옛날 추억하며
복숭아, 대추 풍성하게 거두어
온 세상 사람들과 나누고 있네
이곳이 바로 천혜의 땅 반곡지라네

그곳

그곳은
바다처럼 모든 걸 받아들인다
싫다고 밀어 내지도 않고 찡그리지도 않는다
숱한 생명을 잉태하고 키워내는 밑거름이다

만사를 잊어버릴 수 있는 휴식이 있고
생명이 있고 시가 있고 그림이 있고 예술이 있다
고통과 쾌감이 있고 사색도 있다
온갖 우주만물의 이치도 그 속에 녹아 있고
과거와 현재, 미래까지 고스란히 들어 있다

더럽다고 외면할 수도 없고
볼일 보고 나면 뒤도 돌아보지 않고
아무 미련도 없이 얼른 떠나버리지만
멀지 않아 다시 찾는 그곳
우리의 근심을 해결해 주는
해 · 우 · 소

가을에 피는 봄꽃

가슴속에 가랑잎 소리 날 때
그대의 촉촉한 한 방울의 눈물이 필요해요
나를 위해 흘려주던 맑은 이슬에
기적처럼 새순이 돋고 꽃이 피었음을 아시나요

가끔 가을에 봄꽃이 피기도 한다지만
제 가을에도 봄꽃이 피었어요

아론의 지팡이*에 꽃이 피고 살구가 열렸듯이
경주의 어느 토방 집 소나무 기둥에서
솔잎이 돋았대요
믿지 못하겠다는 사람도 있겠지만
난 믿을래요
왜냐면 봄꽃을 피우는
가을을 알기 때문이에요

계절에 관계없이
꽃피울 준비로 바쁜 하루하루
오늘도 희망을 속삭이듯
하늘에는 아름다운 무지개 꽃이 핍니다

* 아론의 지팡이: 구약성서 민수기 17:8

회색 그림자

열심히 진지하게 살아도
어쩌면 삶은 하나의 허상에 불과한 것
이루려는 꿈과 추구하는 행복은
어디에도 존재하지 않는 신기루 같은 것

꽉 잡았다고
만면에 웃음 띠고 펴본 손은
언제나 초라한 빈손
함정과 거짓의 자취가 지문처럼 새겨져 있지
끝, 간 데 모르고 치닫던 욕망들이
삭아져 회색의 그림자가 되어도
접을 수 없었던 미련한 본성

갈 곳도 없고 피할 수도 없는
늪 같은 죄의 사슬은
피할 길이 없는 걸까
그래도 찾고 또 찾기를 거듭 하노라면
우슬초 덤불 우거진 곳에
하얗게 탈색시키는 탈출구도 있으리라

마음은 소녀처럼

여든이 넘어서도 종아리가 굵어 부끄럽다는
소녀 같은 큰언니
여든이 다 되어가도 카나리아가 울고 갈 만큼
노래 잘 부르는 예쁜 작은언니
환갑을 훌쩍 넘기고도 막내라고
언니들 챙기면서 궂은일 마다않는 착한 내 동생

우린 어릴 때 마당으로 쏟아지던 별을 잊지 못해
밤중에 보현산에 올랐다
자욱한 밤안개로 별빛은 간 곳을 몰라도
느낌으로 별 세례를 받았다
사랑과 배려로 똘똘 뭉친 네 자매는
한 젖으로 자랐으니 한마음이었나 보다

제 엄마 염려로 걱정이 많은 질녀는
엄마와 이모들 때문에 못살겠다고 한 걱정이다

그래도 우리는 행복하다
누가 뭐래도 가장 아름다운 구간을
사랑하는 자매들과 통과하고 있는 중이다

내 안의 나를 찾아서

어디에도 없는 너는 내 가슴에만 살고 있지
아득히 먼 그날의 기억을 잃어버리기 싫어
언제나 되새김하듯 정으로 쪼며 새겨 나가네

때로는 하늘에 있는 줄 알고 하늘만 쳐다봤지
구름 속에 숨었나 구름만 보면 설레이었고
바람결에 실려 오려나 바람이 불면 온몸으로 맞았지
어디에도 없는 너는 내 가슴에만 살아있는 신기루,

그래도 철석같이 네 존재를 믿어 의심치 않았어
기다리고 또 기다리고 찾고 또 찾아 헤매었지
온종일 온 힘 다해 여기저기 돌아다녀 봐도
머리카락 한 올 보이지 않았던 야속한 너

이제야 알았지 어디에도 없는 너는
오직 내 가슴에만 살아있는 나의 데칼코마니*

* 데칼코마니: 미술 기법의 하나로 대칭적인 무늬를 만든다

곶감 먹고 살아요

—연금 받으시나요?
—아니요
—그럼 아직 일을 하시나요?
—아니요
—자제분이 도와주세요?
—아니요

—그럼 무얼 먹고사나요?
—곶감 먹고 살아요

4부

유혹

유혹

시시때때로 나를 유혹하는 너
노오란 속내를 살짝 감추고
순결의 하이얀 옷으로 갈아입고
예쁜 액세서리와 화려한 화장을 하고
어쩜 그리도 고혹적인 빨강웃음을 흘리면서
사람의 마음을 흔들어 놓는지

굳세게 한 스스로와의 맹세는 물거품이 되고
의지와는 달리 너를 향해 손과 마음이 가는구나
너의 향기로운 빨간 입술
달콤한 노오란 속살을 핥으며
맘껏 음미하며 탐닉하고픈 내 맘
이미 다 들켰는데 어이할거나

그래도 참아야지
너는 악의 꽃
나는 너의 달콤한 유혹을 목말라 하는 멍청이
내가 너를 먹는 것 같아도
결국은 네가 나를 삼키지

>

이 나쁜 유혹녀야
사라져라! 사라져라!
내 눈앞에서 제발 사라져다오
주문을 외면서도 나도 몰래 손이 가는 케잌
너, 달콤함이여!

그가 오는 밤이면

왠지 갈증이 올 때
그의 속삭임이 그리워질 때
조용히 찐한 카페인으로 샤워를 하고
고요히 그를 기다린다

세상이 모두 잠들 무렵
그는 살며시 나타나 내 귓전을 두드린다
보고 싶고 듣고 싶었던 언어들을
나지막하게 조근조근 일러 준다

그 소리는 심장을 찌르기도 하고
엔도르핀, 다이돌핀이 쏟아져
통증 없이 희락에 젖기도 한다
한밤중 광녀처럼 주절대며
그와 한 몸이 되어 뒹굴다 보면
까만 밤을 하얗게 지새우기도 한다
그런 밤은 대부분 피곤에 젖어들지만
또한 말할 수 없는 오르가슴의 세례를 받기도 한다

>
어둠이 걷히고 그가 떠나고 나면
난 밤새 누구와 노닐었는지 기억은 가물가물하나
노트 위에는 그의 까만 발자국이 선명히 찍혀있다
"나 다녀갔노라"고

슬그머니 사라진 내 사랑

남들이 다 하나씩 있다기에
호기심에 나도 하나 가져 보았지
생각보다 좋아서 시나브로 정이 들었지
언제나 한결같이 내 곁을 지켜준 내 사랑
한 몸 같아 고마움도 잊은 채 살았지

어느 날 나의 무관심으로
슬그머니 그가 떠나버렸네
누구에게 물어봐도 간 곳을 모른다니
이 일을 어찌할까?
슬그머니 사라진 내 사랑
어디로 갔을까? 어디에서 헤매고 있을까?

며칠을 기다리며 고심하다 괘씸한 마음도 들어
새로운 애인을 사귀어 보기로 맘먹었지
그러나 구관이 명관이라 누가 말했던가
새롭게 조율하기가 이렇게 힘들 줄이야
마치 길들이지 않은 망아지 같네

>

어디선가 나를 부르는 소리가
까톡까톡하고 들리는 것 같기도 하고
오히려 자기가 버림받았다고
이이잉 울고 있는 것 같기도 하고

희망은 있기에

투명한 네 눈 속에서
지치고 피곤한 나를 본다
부끄러움에 살짝 외면해 보지만
숨길 수 없는 진실에
시간에게 투정 부려본다

흐르는 시간 따라
먼지도 더께를 더해가고
짙어지는 죄의 그늘에
참회의 자리는 자꾸만 멀어지는데
언제쯤이면 파아란 하늘을
편안한 마음으로 바라볼 수 있으려나

문득 먹구름 낀 서쪽하늘이
세로로 쫘악 찢어진다
거기에 더할 나위 없는 밝음이 눈부시다

민초들의 성찬

물오른 나뭇가지에
쑥버무리가 소복소복 쌓여있다
배고픈 사람들의 침샘을 자극하듯
먹음직스럽게도 놓여 있다

이밥에 고깃국이 최고의 성찬이었던 배고픈 시절
사람들은 쳐다보면서 허기를 달랬을까
침만 꼴깍꼴깍 삼키면서 더 고통스러웠을까

민초들의 서러움은 아랑곳없이
봄바람에 살랑거리며 터질 듯한 봄날을 즐기는
이팝나무를 쳐다보느라
애꿎은 모가지만 아팠을 거야

검은 폭설

마른하늘에 날벼락이다
예기치 못한 폭설
흰 눈이 아닌 까만 눈이 세상을 뒤덮었다
벽도 천장도 하얀 병실에서
감아버린 눈 속에 까만 눈만 쌓여간다

창밖에는 곧 가 버릴 봄이 놀러왔다
달콤한 봄바람이 유혹의 손짓을 보내며
작은 풀꽃들의 자지러지는 웃음소리가 들린다
세상과 단절된 병실에서
가끔 문병차 온 사람들이 가져온 봄을 만나면서
또다시 절망에 빠지는 시간들 속에
차라리 시간이 정지되었으면 하고 바랐다
멈추지도 않고 후진도 없는 시간 속에
생각은 정지되어 머릿속은 헝클어진 수세미다
몸도 자유롭지 못한데 마음마저 병실에 갇혔다

무심한 파도는 시간을 밀어내고
망각의 축복 속에
감사를 잊고 사는 밴댕이가 되어간다

연서

초등학교 때 운동장에서 고무줄 끊어가던 머슴아
그것이 관심인 줄 몰랐었네
고등학교 때 수학문제 풀어주던 옆집 남학생
그것이 설레임인 줄 몰랐었네
꽃다운 시절 사무실에서 걸레 빼앗아 청소해 주던 남자
그것이 사랑인 줄 몰랐었네
신혼 시절 술 취한 채 두 손에 솜사탕 들고 와
이불에 엎어지던 남편
그것이 정인 줄 몰랐었네
아장아장 걸음마 하던 아들 침 묻은 과자 입에 넣어 줄 때
그것이 효도인 줄 몰랐었네

그때는 왜 몰랐을까?
그 모든 것이 내 인생의 아름다운 연서였음을

꿈만 꾸는 여자

매일 일탈을 꿈꾼다
한 발자국도 내디딜 용기도 없으면서
눈 뜨고 꿈만 꾼다

화창한 봄날
무의미하게 피고 지는 꽃이 서러워
신발 끈 고쳐 매고 집을 나섰다

나서고 보니 갈 곳이 없다
매일 보던 거리인데
왜 그리도 휑뎅그렁하고 낯선지
물결처럼 흐르는 사람들 속에
낯익은 얼굴 하나 없다
어디서 왔는지 어디로 가는지도 잊은 채
사람들 속에 떠밀리어 나도 함께 흐른다

아득하다
꿈속인 양 헤매어 보지만
확실한 건 아무것도 없다

치매 걸린 사람처럼 아무 생각도 안 나고
다섯 살짜리 꼬마가 길을 잃은 듯
두려움까지 밀려온다
이러다 나조차 잃어버리지 않을까

서둘러 기억의 파편들을 주워 모아 나를 찾는다
이박삼일 예정의 일탈이 세 시간 만에 막을 내리고
내 안에서 나를 찾으러 다시 집으로 향하는 발걸음에
고운 저녁노을이 축복처럼 내려앉는다

나의 작은 시

호랑나비 한 마리가
문득 내 가슴에 날아들었다
나갈 생각은 전혀 없이
이곳저곳 들쑤시며 주인인 양 행세까지 한다
지켜보니 꽤 맹랑하다
다 아물어가는 상처에는 소금을 뿌려대기도 하고
나름 고운 기억에는 제 맘대로 채색 칠을 해대며
마구 온 가슴을 맘대로 헤집고 다닌다

엉뚱한 호랑나비 분탕질이 나름 재미도 있어
이왕 만났으니 남은 生 동행이라 생각하니
왜 이제야 만나졌나 후회까지 된다
말이 통하고 뜻이 통하다 보니
이보다 더 좋은 친구도 없네
내 미친 넋두리도 들어주고
시답지 않는 얘기에도 박장대소하며 웃어주고
깊어가는 상처에는 과감하게 칼을 들이대어
시원하게 도려내 아물게 해주니
진정한 위로자요 친구가 되어가네

>

늦게 만난 내 영혼의 반려자
웃고 떠들고 얹혀있던 속에 것 다 토해내니
이에 더 바랄 것 없는 친구가 되네
호랑나비, 너의 이름은 나의 작은 시

골목길마저 낡아지고

동네 한가운데 동그란 우물터 지나
모퉁이를 돌면 그의 집이 있었지
그를 알기 전에는 언제나 편하게 다니던 길
그를 알고 난 후부터 새롭고 낯설게 느껴진 그 길
가고 싶어도 차마 가지 못하고
먼 길로 돌아가게 만들었지

어느 날 우연히 침략군처럼
내 가슴에 들어온 그 사람
있던 길 막아 버리고 새로운 길 만들어 주었지
감당할 수 없는 뜨거운 불덩이 끌어안고
어쩔 줄 몰라 서성이던 시간들
너무 뜨거워서 가슴은 잿더미가 되고
너무 빛나서 시린 눈물만 나게 하던 사람

몇십 년이 지나 모퉁이 돌아 그 집
다시 찾아가 보니
나처럼 집도 마을도 낡아 버렸네
동그란 우물도 그 사람도 없는 마을에
무심한 햇빛 한 자락 그림자 드리우고
메마른 나뭇잎만 가을바람에 서걱거리며 굴러다니네

위로의 입맞춤

소주를 마신다
눈물과 아픔을 버무려 마신다

목줄기를 타고 찌르르 존재감을 전하며
마신 만큼 적당히 눈물도 마르고
아픔도 흘러내리는 듯하다

소주는 순수 그 자체다
마신 만큼 취하고 취한 만큼 솔직해진다
내 눈물과 아픔은 순수이기만 할까
욕심과 기만의 변명들이 조롱조롱 매달려 있겠지

그 누가 소주를 악어의 눈물이라 했던가
너무나 확실한 위로의 입맞춤이네
깊이 더 깊이 가슴을 헤집고 들어와
함께 너울춤을 추면서 자잘한 가시들을 녹여내지

나 오늘밤도 기꺼이
온몸으로 그대를 맞으리

꼴머슴

눈이 선하게 생긴 사내애는
꼴머슴이었지
꼴을 베다가 가끔 지푸라기 씹으며
먼 하늘을 하염없이 바라보았지

온 산이 분홍빛으로 물든 봄날
꼴머슴이 불쑥 내민 진달래꽃 한 다발
아무런 생각 없이 똑 똑 따 먹던
철없는 계집애
연분홍 입술이 보랏빛이 되었지
단발머리 나풀대며 뛰어가는 걸 바라보며
잔잔한 기쁨이 그의 입가에 머물렀지

지금은 선한 눈매의 꼴머슴은 사라지고
철없는 계집애는 늙어서 할머니가 되었네

그래도 살아가면서
그 꼴머슴이 가끔 생각나는 건
어린 가슴에 심어 준 분홍색 진달래꽃이
늙어서 꽃을 피웠기 때문이라네

5부

산딸나무 꽃

산딸나무* 꽃

나도 몰래 내 맘속에 오신 당신

기쁠 때는 함께 웃어 주고
슬플 때는 흐르는 눈물도 닦아 주었지요
언제나 외로울 땐 혼자가 아니라는 걸 알게 했고
힘들 때는 말없이 힘이 되어 주셨던 당신
흔들릴 때는 붙잡아 주셨고
쓰러질 것 같으면 부축도 해 주었지요

구름을 통해 보여주시고
바람으로 말씀하신 당신
별빛으로 반짝이셨고
천둥번개로 경고도 했지요
아름다운 무지개로 약속도 해 주었지요
그래도 미련한 인간이라 깨닫지 못하고
벼논의 피처럼 고개 바짝 치켜들고 한들거렸지요

얼마나 불쌍하고 가련했으면
피 같은 눈물 뚝 뚝 흘리셨나요

얼마나 절절히 사랑하셨으면
온 몸 다 버려 구해 주셨나요
얼마나 긍휼과 자비가 넘치시길레
골고다 언덕의 산딸나무 꽃이 되셨나요

* 산딸나무 : 예수가 못 박힌 십자가 나무라고 전해진다.

딸에게

딸아 너무 슬퍼하지 마라
꽃이 진다고 다시 봄이 오지 않는 건 아니야
여름 지나고 가을이 가고 겨울이 되면
다시 봄은 찾아온단다
물이 아래로 흐르듯이
사랑도 낮은 데로 흐른단다

내 어머니께 받은 사랑 너에게로 흘렀고
네가 받은 사랑은 다시 네 딸에게로 흐르고 있잖아
바다가 아무것도 밀어내지 않고 모두 품어 주듯이
엄마는 모든 것을 받아주는 바다란다

높은 산에 못 오름도 한탄하지 마라
계곡 흐르는 물의 아름다움도 있지
높은 곳을 자유롭게 나는 새도 있지만
낮은 곳에 피는 예쁜 꽃도 있단다

시간이 야금야금 네 인생 먹어 치운다고 아까워 마라
사라지는 게 아니라 꿈이 완성되어 가는 거란다

꽃이 진 자리에 열매 맺히듯
시간이 진 자리에 꽃 무지개가 떠오른단다

깊은 산골짝 작은 샘이 바다의 어미임을 잊지 마라

다향에 젖어들다

매화 향 아지랑이처럼 흩날리는
매화 밭 평상에서
봄볕 같은 여인들 둘러앉아
차를 우린다

바람은 귀를 살살 간질이며 불어오고
다향은 매향과 함께 왈츠를 추는데
찻잔 속 매화봉오리 수줍게 웃네

새로운 다향 어루느라 손끝은 춤을 추고
꽃잎에 물들인 다건이 향기로워
노랑나비 한 마리 나풀나풀 날아드네

주고받는 다담에 시간도 잊은 채
일상의 번잡을 털어내고
고운 눈웃음으로 차를 권하니
향으로 흠향하고 눈길로 먼저 음미하네
아낌없이 잔향을 즐기니
뉘라서 여선이* 아니라 하랴

>

여선들의 모임자리는 봄날 아지랑이 피어오르듯
문향과 다향이 넘실거린다

* 여선 : 여자 선비를 일컬음

못다 부른 노래있어

불러보고 싶은 이름
그러나 이제는 잃어버린 이름
기억 속에만 살아있는 희미한 이름
그래도 잊지 못해 남몰래 불러보는
그 이름 첫사랑!

8월의 뜨거운 태양 아래서도
더운 줄 몰랐고
살을 에이는 겨울바람 속에서도
추운 줄 몰랐던 날들
한결같이 오로지 사랑 하나에 전념했고
달콤함만 있으리라 생각했던 시간들
어찌 그리도 머무르지 못하고 흘러만 갔을까

그리운 사람아! 보고 싶은 사람아!
내가 구름이 된다면 빗소리로 불러보고
바람이 되어 나뭇가지 사이로 속삭여보고 싶어라
노을이 된다면 피를 토하듯이 외쳐 보리라

>

그래도 그래도
마지막까지 다 부르지 못한 노래있다면
다음 生에 다시 한 번 만나고지고

플라타너스와 노시인

깊어가는 가을 숲속에서 나무가 친구를 기다린다
하고 싶은 말은 너무 많은데 들어 줄 친구가 없다
매인 몸이라 친구를 찾아갈 수 없으니 이를 어떻게 해

바람에게 전해 들은 애틋한 사랑 이야기들
지나가던 구름이 알려 준 가슴 시린 이별 이야기들
가슴에만 묻어두기엔 너무 벅차
누구에겐가 말하고 싶은데 들어줄 친구가 없네
두 팔 벌려 하늘을 향해 흔들어도 보고
속을 다 보여주려는 듯 홀랑 옷을 벗어 나신이 되어도
아무도 거들떠보지 않는다
오죽 답답하고 속이 상했으면
저토록 온몸이 울긋불긋 멍들었을까

플라타너스야! 너무 애태우지 마
먼 후일 영혼이 맑은 노시인이 찾아와서
너의 말 다 들어주고 같이 목 놓아 울어도 주리라

나는야

나는야 여든이 되어도 꿈을 꾸고 싶다
시를 좋아하고
꽃을 사랑하고
친구들과 어울려 여행도 하면서
목청껏 웃어야지
내 가슴을 설레이게 하는 멋진 청년을 만나면
차 한잔하면서 끝없이 대화할 수 있는
신지식도 습득하고 싶다

일출의 장엄함에 감동하고
낙조의 처절한 아름다움 앞에 겸손해지며
새들과 풀벌레와도 교감하면서
모든 걸 사랑하고 싶다

외로운 사람에게는 포근한 목도리가 되어주고
힘든 사람에게는 쉴 수 있는 편안한 의자가 되어야지
욕심도 미련도 홀가분하게 벗어버리고
어린아이와 같은 해맑은 웃음을 웃고 싶다

떠날 때는 아무 말 없이
바람처럼 가벼운 구름이고 싶다

오십천의 봄

흐르는 물에 발 담그고 있는 앞산에
달이 떠오르는 밤이면
유난히 개구리의 목청도 드높았던 봄

서로 영역 다툼하지 않는 작은 물고기들도
물에 비친 흰 구름 훔치느라 정신이 없었고
은어비늘마냥 은물결 반짝이는 한낮에는
졸음에 겨운 아카시아 흔들흔들 오수를 즐겼지

냇가의 조약돌은 수십만 년의 추억을 품고 앉아
지루한 하루를 못 견뎌 하고
냇물은 어제의 물인 듯 한결같은 속삭임으로
도란도란 정겹게 수다를 떨었지

시냇물처럼 쉬임 없이 흘러간 내 시간들은
태평양에 가서 바닷고기의 먹이가 되었나
어디에서도 찾을 길이 없네

노부부

두 손 꼬옥 잡고
노을 진 들녘을 함께 걸어요
손으로 따뜻하게 전해지는 체온은
백 마디 말보다 진하게 가슴에 남아요

지나온 시간의 아쉬움에 눈물짓지 말아요
충분히 아름다웠어요
후회 없는 나날이었어요
남은 시간도 후회 없이 보내야지요
서로 애틋해 하며 다함없는 사랑을 나눕시다
아프지 않나, 외롭지 않나, 힘들지 않나 살피면서
마지막 시간까지 아낌없이 서로를 위해 삽시다

그대여! 나만의 그대여!
지금도 함께할 수 있음에
기뻐요 감사해요 사랑해요

섬돌 위 흰 고무신

아지랑이 나른한 늦은 봄날 오후
절간 섬돌 위에 가지런히 놓인 흰 고무신 한 쌍
온종일 다소곳이 그 자리에 앉아있다

바람이 불어오면 풍경소리에 귀 기울이고
바람이 지나가고 나면
새들의 합창소리 자장가 삼아 스르르 눈 감고
조용히 주인이 오기만 기다리는 듯하다

저 고무신의 주인은 과연 누구일까?

진종일 기다림에 지친 흰 고무신,
땡볕이 눈부셔 찡그려도 보고
너무 지루해져 온몸을 비틀어도 보건만
주인이 누구인지, 어디를 갔는지 도무지 나타나지를 않는다
어쩌면 하 많은 사연 가슴에만 품고
이승을 떠난 어느 비구니의 자취런가

>

햇님이 서녘하늘 주홍빛으로 물들일 때쯤
어디선가 하얀 나비 한 마리 나풀나풀 날아와
고무신에 가만히 앉네
아하! 그렇구나 네가 주인이었구나

엄마의 저수지

깊은 저수지처럼 많은 사연 간직한
당신의 마음
그 깊은 곳은 아무도 모른다

친정 할아버지와 시아버지
모두 독립운동을 했다는 이유로
일제강점기의 모진 핍박을 피해
두 살 어린 남편과 어린 딸 하나 데리고
만주 벌판 헤맨 뼈아픈 사연

동족상잔 비극의 세월에는
남편은 전쟁터에 나가고 어린 사 남매 데리고 다닌
피란길은 또 얼마나 고달팠을까
겨우 해방과 휴전을 맞이했지만
공무원 박봉에 친가와 양가 시부모님 모시면서
아홉 남매 낳아 둘을 먼저 가슴에 묻은 쓰라린 아픔도
그 심연에 가라앉아 있었으리라

어린 남편은 철없이 이태가 멀다 하고 시앗 보고 다닐 때

그 절망적인 고통을 가냘픈 몸속 어디다 숨겼을까
인고의 시간들을 지나면서
바람 앞에 호롱불처럼 꺼질 듯 꺼질 듯
수초처럼 버텨낸 그 저력은
펄 같은 자궁과 생명의 젖줄 乳腺이 있었음이리라
힘든 세월 억척스레 살아온 나날들
벼랑에 홀로 선 노송처럼 온갖 풍상 다 견뎌냈건만
오직 하나
세월의 비탈 앞에 힘없이 허물어지더이다

준이와 선이의 노래

柳泉에서 태어난 준이와
金泉에서 샘솟은 선이가
은혜로운 땅 달구벌에서 만났네
천생연분을 알아보고
서로가 첫눈에 반했다네
알콩달콩 사랑 나누다
다사란 곳에 터 잡는다네

두 물줄기가 만나 대해로 흐르는 길에
어찌 장애물이 없으랴
큰 바위와 예쁜 조약돌도,
나뭇잎들도 모여 물길을 막을 수 있으리라
그러나 두 사람 손 꼭 잡고 너끈히 넘어
푸른 바다에 이르러 돛을 띄우리라
햇살 환히 빛나는 실낙원 전설을 만들어 가리라

이제 두 사람 걷는 길
발자국마다 꽃이 피고
그 꽃자리마다 열매 맺어

풍성한 결실을 거두리라

신이시여!
이 어여쁜 부부 가는 길
굽어 살펴 주소서

당신의 잠언

당신이 떠난 빈자리에
오롯이 살아있는 당신의 잠언들
활짝 핀 한 송이 백합같이
폴폴 살아나는 하얀 향기
화인처럼 지울 수 없는 그리움

그 향기 부르는 소리 들리는 듯
뒤돌아보고 그래 바람 소리였어
체념하고 돌아서면 다시 들리는 소리
당신의 목소리는 계속 귓전을 간질입니다
당신을 만난 듯한 반가움에
또다시 귀 기울여 봅니다
그리움에 목이 메어 자꾸 귀 기울입니다
나의 이 절실함은 어느 때 소리 되어
당신의 가슴 울리고 떨게 할 수 있으려나요

목메게 절실한 당신의 따스한 입김
그 속에 묻어나는 당신의 정겨운 목소리
언제 또다시 마주 앉아 들을 수 있으려나
오늘따라 유난히도 당신이 그립습니다

해설

풍경을 태우고 가는 사랑의 기차

— 권정숙 시집 『고요는 무채색』을 중심으로

김 동 원 | 시인

권정숙의 시집 『고요는 무채색』은, 우선 「시와 시인」에 대한 사유와 성찰이 돋보인다. 시는 쓸 때만 시인이다. 늘 깨어 있어야 시를 '본다, 듣는다, 만진다, 맡는다.' 이런 감각을 유지하려면 어떻게 해야 하는가. 좋은 시를 많이 읽어야 한다. 흔히 대상에 대한 예사롭지 않은 발견과 성찰이 있어야 한다. 응결 혹은 형상화의 미학이 돋보여야 한다. 무엇보다 읽혀야 한다. 감동과 여운의 흡인력은 필수다. 이미지는 생기를 얻어야 하고, 이야기 짜임과 구성의 치밀함이 묘리다. 하여, 좋은 시는, 나태한 일상을 흔들어 '독자'를 긴장하게 한다. 시를 쓰려면 명시 이백 편 필사는 기본이다. 시대별로 시인별로 백 권의 좋은 시집으로 감성의 기초를 닦아야 한다. 그런 연후에, 수백 번 시작詩作으로, 실패하라. 폭풍을 견딘 들꽃이 고운 색깔로 핀다. 시는 언어다. 아니, 언어 이전의 세계다. 매화는 언어다. 매화 향기는 언어 이전의 세계다. 두 세계의 이해야말로, 시의 행간과 뜻을 파악하는 요체다. 좋은 시인은 기미와 기척을 안

다. 매화가 제 몸 속에 향기를 불러내듯, 대상에 대한 지극한 사랑이 시다. 꽃은 물의 저장, 공기의 흐름, 흙의 기분, 별들의 운행, 벌과 나비의 유혹까지, 향기로 만든다. 하여, 궁극엔 각자의 방식으로 꽃이 된다. 비밀을 찾는 것과 독창성은 시인의 몫이다. 시가 태어나는 방법은, 사물이 태어나는 방법만큼이나 다양하다. 우주는 탄생과 소멸의 전 과정을 겪는다. 삼라만상에게 겸손할 때, 가장 깊고 높은 시가 나온다. 시는 시간과 공간을 언어로 가두는 작업이자, 언어를 몸 밖으로 풀어놓는 작업이다. 하여, 권정숙은 자신의 '시와 시인'에 대한 깊은 고뇌와 방황을, 시작詩作의 첫 출발점으로 삼는다.

시란 난센스 퀴즈 같은 것
보이지 않는 것을 보고
들리지 않는 것을 받아 적기에
시인은 광인 같고 예언자 같다
하여 시인은 늘 외롭고 아프다
메마른 땅에서 꽃을 피워내고
자갈밭에서도 생명의 씨를 키운다
나무에서 물고기를 찾아내고*
심해에서 달콤한 과일을 얻어 낸다
우주만물이 친구가 되고
그 친구들의 이야기를 들어주고
들었던 이야기를 세상에 전해준다
겨울여신이 세상을 꽁꽁 얼려 버려도
산속에서 나비 따라 길을 찾아가고
별과 바람이 맞닿은 그곳에서

사의 찬가 목 놓아 부르면서
세상과 이별할 수 있는 사람

* <연목구어> 맹자가 제나라 선왕에게 한 말
불가능한 일을 일컬음

— 권정숙, 「시와 시인」 전문

시와 시작詩作에 대한 사색과 예리한 물음과 답이 동시에 수용된 「시와 시인」은, 그녀가 얼마나 '시'와 '시인'에 대한 고뇌와 깊은 성찰을 하였는지 절실하게 형상화된다. 어쩌면 "시란 난센스 퀴즈 같은 것"일지도 모른다. 영원한 질문이자 뜻밖의 답이, 시일지도 모른다. 시는 어디에도 없고 어디에도 있다. 난센스야말로 시의 경계점이다. 시인은 보이는 세계를 통해 보이지 않는 세계를 말하는 자이다. 들리는 세계를 통해 들리지 않는 세계를 듣는 자이다. 하여, 그녀에게 "시인은 광인이자 예언자"다. 사람들의 가슴을 미치게 할 뿐 아니라, 열렬히 무언가를 부르는 자이다. 우주의 본질을 꿰뚫어, 그 신들린 너머의 세계를 들려주는 자가 시인이다. 하여, "시인은 늘 외롭고 아프다". 언어를 통해 언어를 뛰어넘고, 눈을 감고, 눈을 뜬 세상을 노래한다. 듣는 것이 아니라 들리는 것을 찾아, 맨발로 불구덩이 속으로 뛰어든다. 생각해보면 세상의 모든 것은 다 시의 묘처다.

매화가 피더니 한강에 남자가 뛰어들고, 폭설이 내리더니 차가 굴러 저승으로 줄줄이 들어간다. 모란의 몸에서 꽃잎이 나오고, 인간의 손으로 미사일을 쏘고, 호텔에는 산해진

미의 음식이 넘쳐나고, 아프리카에는 수많은 아이들이 굶어 죽는, 천국과 지옥 사이가 현실이다. 이상한 일은 넘쳐난다. 어제는 태양의 흑점이 끓더니, 오늘은 하늘 위에서 비행기가 폭발해 수백 명의 사람들이 허공에 흩어졌다. 권정숙의 「시와 시인」은, 날마다 불가능의 일이, 일상에서 가능의 일로 일어나는, 이상한 일들이 시라고 갈파한다. 하여 그녀에게 시인은, "별과 바람이 맞닿은 그곳에서" 세상과 이별할 준비를 마친 신들린 사람이다.

사랑 혹은, 비극

"1세기에 활동한 유대 여성으로 성서에서 살로메는 세례자 요한을 처형하는 데 직접적 원인이 된 인물로 나온다. 성서에 따르면 헤로데(헤롯)는 이복형과 이혼한 헤로디아와 결혼한 일로 인해 세례자 요한의 비난을 받게 되자, 민심이 두려워 그를 죽이지는 못하고 감옥에 가둔다. 그러던 중 헤로데는 연회에서 의붓딸인 살로메가 춤을 추자 그녀에게 원하는 것은 무엇이든 해주겠다고 약속한다. 이를 계기로 헤로디아의 사주를 받은 살로메는 세례자 요한의 목을 잘라 쟁반에 받쳐달라는 부탁을 하게 되고 헤로데는 이를 실천한다. 이 이야기는 그리스도교 초기부터 예술의 주제로 즐겨 쓰였고 특히 르네상스 시대에 널리 이용되었다. 살로메는 주로 예술작품에서 애욕을 불러일으키는 인물로 묘사된다."(다음 지식 참고)

시공을 초월하여 사랑과 증오만큼 독자들을 매혹시킨 장르는 없을 것이다. 특히 애증으로 인한 남녀 욕망은 불길처럼 타오른다. 서로 상반되는 두 감정이야말로, 사랑하니까 죽이는, 역설의 시학에서 정점을 찍는다.

그 사람, 아주 맛있게 먹었지
손가락이 딸려 들어갈 정도로 끝까지 먹었지
아주 흡족한 듯 세상 부러울 것 없는 표정이었어
폐부 깊숙이 짙은 향기를 빨아들여 코로 길게 내뿜었지

희롱하듯 함께 놀았어
동그란 도너츠도 만들고 긴 증기기관차도 만들었지
때로는 파도, 갈매기도 만들어 즐겁게 해 주었지
나는 옆에서 만들어진 것들을 부수면서 놀았지
무엇보다 그녀를 입에 물고 재가 떨어지는 것도 아랑곳없이
자기 일에 열중할 땐
나도 따라 먹고 싶은 충동을 느낄 만큼 아름다웠지

그 사람은 연기처럼 하늘하늘한 사랑을 만들었고
그 사랑은 덧없이 사라졌지
지금은 연기 되어 하늘의 구름으로 살아가는 그 사람
살로메* 같은 그 푸른 연인을 아직도
나만큼 사랑할까

* 살로메 : 헤로디아의 사주를 받아 세례 요한을 죽게 만든 여자.

— 권정숙, 「맛있게, 그녀를 먹던 사람」 전문

권정숙은 사랑과 죽음의 미학을 "지금은 연기" 되어 사라진 그 사람을, "아직도 살로메 같은 그 푸른 연인"을 환유로

불러낸다. 하여,「맛있게 그녀를 먹던 사람」을 떠올린다. 우선, 시의 제목이 참신하고 유니크하다. 아니, 유혹적이다. 이미지가 이미지를 물고 나오듯, 시인은 "맛있게 그녀를 먹던 사람"을 기억 밖으로 소환한다. "희롱"하듯 "동그란 도너츠도 만들고 긴 증기기관차도 만들"며, 참으로 즐겁게 먹는다. 흡연의 풍경이 이렇게도 연상 기법으로 아름다울 수 있는가를 상상한다. 헤로디아의 사주를 받아 세례 요한을 죽게 만든 여자, 살로메의 속삭임처럼, 그녀는 "나도 따라 먹고 싶은 충돌을 느낄 만큼" 아름답다. 이런 후각의 시각화는 이미지의 공감각을 불러일으켜 무의식의 세계로 추동한다. 시인은 살로메의 살인이 덧없듯, 연기처럼 사라지는 사랑 또한 무의미함을, 역설로 제시한다. 본질적으로 사랑은 여러 겹의 스토리를 갖고 있으며, 인간은 이야기의 무늬를 자신들의 운명의 방식대로 짠다. 시에 있어 비극은 비극적일수록 더욱 매력적이다. 죽음이 있기에 삶이 더 찬란하듯, 이별이 있기에 사랑은 극적이다. 요한의 목을 잘라 쟁반에 받쳐 든 헤로데는, 애증의 욕망으로 빚어진 '비극'의 표징이다.

아이러니

"반어反語 irony는 그리스 희극의 한 주인공인 에이론 Eirondmf을 알면 쉽게 이해할 수 있다. 에이론은 자기 과시적인 인물인 알라존 Alazon과 반대로 '자신을 은폐하는 자'이다. 즉, 의도적으로 자신의 실상을 숨기고 보다 어리석은

체하는 것이다. 이 에이론이 종말에 가서는 알라존을 이긴다. 이 에이론처럼 실상 또는 진실을 안으로 숨기는 수사법이 곧 반어이다. 반어의 어원語源인 에이로네이아eironeia도 '은폐'라는 뜻이다. 그러니까 반어는 에이론처럼, 의도적으로 실상 또는 진실을 숨기고 표면적으로는 다르게 말하는 수사법이다. 흔히, 우리는 잘못한 사람에게 반대로 '잘했다'고 한다. 이런 경우가 바로 반어이다." (『현대시작법』, 문학과지성사) 반어법은 존재와 당위 간의 차이에 대한 고도화된 인식으로부터 일어나며, 감정이 절제된 페이소스를 나타낸다. 반어법은 공공연한 칭찬이나 비난을 피하는 간접적인 표현 형식이다. 극적 아이러니는 말의 사용보다는 작품의 구조에 달려 있다. 희곡에서 아가멤논이 아부에 넘어가 자신의 수의가 될 자줏빛 융단 위를 걷는 경우처럼, 등장인물 스스로는 깨닫지 못하는 다가올 운명을 관객이 알고 있을 때 일어난다. 「너무 좋아 불안한」은 다 읽어야 시의 뇌관이 폭발하는, 아이러니와 풍자 사이에 존재한다.

얼마 전까지만 해도
모든 대역죄는 우리가 짊어졌다
개새끼부터 개만도 못한 놈, 개뿔, 개코, 개떡 등
개도 안 물어갈 개 자가 우릴 괴롭혔다

지금은 세월이 달라졌다
나 몰래 천지가 개벽한 것일까
내가 상전이다

집안 서열도 최상이며
가족들도 비싸 못 먹는 한우를 나는 먹는다

그것뿐인가
이제 머리꼭대기에 왕관처럼 개 자를 쓰고 다닌다
개좋다
개멋있다
개재밌다
개부럽다
개는 best of the best 에만 붙는다

우리는 그저 주인에게 충성이나 하고
사랑받고 싶을 뿐인데
너무 받들어 주니 오히려 불안하다

달밤이면 달을 쳐다보며
없는 성대로 왈왈 짖어보고
화창한 봄날에는
꼬리를 물고 뱅글뱅글 돌면서
불안을 잠재운다

— 권정숙, 「너무 좋아 불안한」 전문

요즘 20대 유행하는 개그다. “야! 개 짖는 소리 좀 안 나게 해라!”, “뭔 개소리야?” 국어 문법 중 접두사는, 어근의 앞에 붙어서 특정한 뜻을 더하거나 강조하면서 새로운 말을 만드는 역할을, 접미사는 어근이나 단어의 뒤에 붙어서 새로운 단어를 만드는 역할을 한다. ‘진달래’와 ‘개나리’라고 할 때 ‘진-’과 ‘개-’는 각각 접두사이다. ‘진달래’는 ‘달래’에 접두사 '진–'이 붙은 것이고, '개나리'는 '나리'에 접두사 '개–'가 붙은 것이다. 그런데 이 접두사들은 아무렇게나 붙은 것이 아니다. 좋고 진한 것에는 '진-'을, 좋지 않고 질이 떨어지는 것에는 '개–'를 붙였다. '진달래'는 들에 피는 달래 꽃보다 더 좋은 꽃이라는 뜻으로 '진–'을 붙인 것이며, 또 나리꽃은 원래 '백합'을 가리키는 말인데, 그보다 작고 좋지 않은 꽃이라고 해서 '나리'에 '개-'를 붙여 '개나리'라고 한 것이다. 영남과 호남의 일부 지방에서만 사용되는 방언으로 '개꽃'과 '참꽃'이 있는데, 일반적으로 사람이 먹을 수 있는 꽃은 '참꽃', 먹을 수 없는 꽃은 '개꽃'이라고 부른다. '개'는 '야생의', '마구 되어 변변치 못한'의 뜻을 가진 접두사로, 접두사 '참'과 대응된다. 그러므로 개나발은 개가 부는 나팔이 아니라 마구 불어 젖히는 나팔이란 뜻이다. 최근엔 조금도 사리에 맞지 않는 허튼소리나 엉터리 같은 얘기를 가리키는 말로 쓰인다. '개—'라는 단어로 긍정을 강조하는 경우는, 개꿀, 개좋아, 개귀여워, 개잘생김, 개맛있어, 개설렘, 개존맛, 개웃겨, 개인정의 예이다. '개—'라는 단어로 부정을 강조하는 경우는, 개판, 개또라이, 개싫어, 개배고파, 개피곤해, 개힘들어, 개노맛, 개노잼, 개망이다. '개—'라는 단어로 긍정과 부정을 동시에 강조하는 경우는, 개미친, 개쩌네, 개미쳤어, 개지림, 개오짐 등이 있다.

권정숙의 「너무 좋아 불안한」은, 요즘 유행하는 비속어의 비유를 통해, '개'의 다층적 언어놀이를 아이러니와 풍자 사이쯤에 놓는다. 풍자諷刺는 어떤 부정적인 상황을 말할 때 직접적으로 표출하지 않고 해학을 곁들여 돌려서 말하는 것으로, 사회나 개인에 대해 비판적인 내용을 담고 있으면서도 모욕적인 언사로 받아들여지기보다는, 보거나 듣는 이를 웃음 짓게 만드는 유머가 담겨 있는 것이 특징이다. 개는 "얼마 전 까지만 해도" 인간 사회에서는 "개새끼부터 개만도 못한 놈, 개뿔, 개코, 개떡 등 / 개도 안 물어갈 개 자"로 취급됐다. 하여, 개들을 괴롭혔다. 아니, 개들은 인간들을 웃겼다. "지금은 세월이 달라졌다" 개가 "상전이다" "집안 서열도" 남편보다 위란 우스갯소리도 있다. 시어머니도 비싸 못 먹는 "한우"를 개들은 드신다. 개가 죽으면 장례를 치르고, 삼일장에 가족묘소로 모신다. '개 팔자 상팔자'이다. 하여, "개좋다 / 개멋있다 / 개재밌다 / 개부럽다"란 '말'이 생겼을까. 참 풍속의 아이러니다. 근데 요즘, 진정 행복해야 될 개들은, 왜 「너무 좋아 불안한」 걸까. 성대 제거 수술 때문일까? 성형 때문일까? 거추장스런 옷, 아님, 똥까지 닦아주는 인간들이, 어느 날 확 돌변해 잡아먹을까 봐, 그런 걸까? 시인이 찌른 풍자가 '개좋다', 아니, '개쩌네'.

기억 혹은, 무중력

매화꽃을 모란꽃이라고 말하고, 수선화를 붓꽃이라고 우기고, 노을을 퍼먹자 하고, 파란 하늘로 수영 가자 하면, 멋진 시의 발상이다. 반면, "추운 겨울 날 창문"을 연 채 까먹는다든가, "티브이 리모컨을 핸드백"에 넣는다든가, 손에 든 핸드폰을 냉장고 속에서 찾거나, 안경을 머리 위에 얹고, 수시로 안방과 건넛방을 찾아다니고, 3+5=는 7인가 8인가 9인가, 알쏭달쏭할 때, 곁에서 누군가 힌트를 주면, "아, 맞다 8" 하면, 일단은 안심하면 된다. 다행히 「나의 작은 유령」은 깜찍한, "건·망·증"이다. "버릴 수도 외면할 수도 없이" 생의 끝까지 함께 뒹굴어야 하는, 나의 작은 유령인 셈이다.

우리 집에는 작은 유령이 살고 있다
눈에 보이지는 않지만 조그맣고 귀여운 유령,
게다가 꽤 장난이 심하고 예측 불허하는 유령이다

추운 겨울날 창문도 빼꼼히 열어두고
때로는 어이없게도 밤에 현관문도 열어둔다
자주 화장실의 불도 켜놓고 티브이를 켜 두기도 한다
주인인 나 몰래 물건을 감추기도 하지
티브이 리모컨을 핸드백에 넣기도 하고
핸드폰을 냉장고에 감추고
철 따라 옷도 세탁소에 맡겨 주는 친절함도 있다

아득히 먼 옛날의 기억을 불쑥 내밀기도 하고
아름다웠던 첫사랑의 달콤한 속삭임도 갖다준다
이별의 쓰라린 상처를 툭 건드려 줄 땐 조금 얄밉기도 하다

버릴 수도 외면할 수도 없이
끝까지 함께 뒹굴며 가야 할
나의 작은 유령, 건・망・증

— 권정숙, 「나의 작은 유령」 전문

현대 사회의 가족문제점 중 가장 힘든 것이 치매라고 한다. 일반적으로 건망증의 경우 기억력의 저하를 호소하지만, 지남력이나 판단력 등은 정상이어서 일상적인 생활에 지장을 주지 않는다. 그야말로 "조그맣고 귀여운 유령"이거나, "꽤 장난"이 심한 기억의 악동惡童쯤이다. 대다수 주관적 걱정이 지나쳐 '걱정이 팔자'인 기우杞憂인 경우다. 그러나 치매의 경우는 머릿속에 네거리 신호등 불이 꺼졌다 켜졌다 반복하는 고위험군이다. 가장 흔하게 나타나는 기억력 감퇴뿐 아니라 언어능력, 시공간 파악능력, 인격 등의 다양한 정신능력에 장애가 발생한다. 아무리 생각해도 물건 이름이 떠오르지 않아, "그게, 뭐더라, 뭐더라…." 끝내 못 찾으면 '명칭 실어증'이다. 조금 진행되면, 집을 나가 못 찾아들어오는 경우도 다반사이다. 심한 경우 안방을 화장실로 알고 '응가'를 하고 벽에 바른다. 감정의 굴곡이 극심해, 갑자기 울다가, 언제 그랬냐는 듯이 웃는다. 금방 밥을 뚝딱하고, 돌아서서 '밥 굶긴다'고 고래고래 욕을 한다. 심지어, 파리를 아버지라고 부르며 따라가지를 않나, 가스레인지 불을 수건에 붙여 방마다 웃고 다니며 불을 놓는, 끔찍한 치매도 있다. 간호와 수발의 문제를 지나, 시간과 경제력이 받침이 안되면, 가족 간의 패륜의 파괴가 일어난다. 권정숙의 「나의 작은 유령」은 건망증을 지나, 우리 사회가 안고 있는 노인 치매 문제점에 빨간불이 들어왔다는 것을, 경고하는 것인지도 모른다.

은유

현대시에 은유는 왜 필요한가. 은유야말로 시인의 현실 인식에 감춰진 무의식의 세계를 가장 잘 드러내는 방식이기 때문이다. 은유隱喩 · 메타포어; metaphor는 정보의 전달을 빠르게 하기 위하여 전달하고자 하는 내용이나, 개념을 직관적으로 알 수 있도록 하는 기법이다. 즉, 서로 다른 무한 거리의 두 사물을 겹쳐, 또 다른 이미지를 만들어내는 유사성과 동일성의 세계이다. 하이데거의 말을 빌리면 '살아 있는 은유란? 어떤 것을 어떤 것으로 보는 것이다.' 다시 말하면, '무엇을 다른 무엇으로 보는 것이다.'(리쾨르) 즉, 은폐된 세계를 열어젖혀 보이는 것이다. 언어적 관점으론, '어떤 사물에 적합한 이름이 다른 사물로 전이되는 것을 말한다.'(김준오) 사물의 불연속을 사물의 연속성으로 연상 기법으로 스며들게 한다. 현대에 와서 조지 레이코프는 은유를 '프레임을 씌우는 것'이라고 했다. 부정이든 긍정이든 은유는 무엇을 자꾸 상상하게 한다. 하여, '~의 뒤에', '~의 너머에'서, '너의 뇌는 조종당하고 있다.' 또한 은유는 이중개념으로 설명된다. 정치 성향은 진보적이지만, 자녀 교육은 보수적일 수 있다. 은유의 프레임은 유동적이다. 상대에 따라 각자의 시점에 따라 달리 해석된다. 과거, 현재, 미래의 고정된 은유는 없다. 은유는 두 사물의 비약을 통해 조화를 꿈꾸게 하고, 결국 다양성을 창조한다.

시시때때로 나를 유혹하는 너
노오란 속내를 살짝 감추고
순결의 하이얀 옷으로 갈아입고
예쁜 액세서리와 화려한 화장을 하고
어쩜 그리도 고혹적인 빨강웃음을 흘리면서
사람의 마음을 흔들어 놓는지

굳세게 한 스스로와의 맹세는 물거품이 되고
의지와는 달리 너를 향해 손과 마음이 가는구나
너의 향기로운 빨간 입술
달콤한 노오란 속살을 핥으며
맘껏 음미하며 탐닉하고픈 내 맘
이미 다 들켰는데 어이할거나

그래도 참아야지
너는 악의 꽃
나는 너의 달콤한 유혹을 목말라 하는 멍청이
내가 너를 먹는 것 같아도
결국은 네가 나를 삼키지

이 나쁜 유혹녀야
사라져라! 사라져라!
내 눈앞에서 제발 사라져다오
주문을 외면서도 나도 몰래 손이 가는 케익
너, 달콤함이여!

— 권정숙, 「유혹」 전문

권정숙 「유혹」은, 무엇을 통해 그 무엇을 말하고 있다. 무엇이란 "시시때때로 나를 유혹하는 너"이며, 그 무엇이란 "케익"을 은유한다. 또 무엇이란 "노오란 속내를 살짝 감추고 / 순결의 하이얀 옷으로 갈아입고 / 예쁜 액세서리와 화려한 화장을 하고 / 어쩜 그리도 고혹적인 빨강웃음을 흘리면서 / 사람의 마음을 흔들어"놓는다. 이 시에서 은유의 절정은 "그래도 참아야지 / 너는 악의 꽃"이다. 전혀 다른 두 개의 연상 이미지로 사용되어, 케익으로 전이된다. 가장 기막힌 은유는, 은유로써 시로 사는 일이다. 아니, 온몸으로 꽃을 먹는 일이다. 구름을, 호수를, 나이를, 끝내, 언어를 통해 언어를 먹는 일이다. 아니, 언어를 통해 "달콤함"을 먹고, "나쁜 유혹녀"에게 빠져, 케익을 먹는 일이다. 하여, 사물의 은유는 궁극엔 사물의 비밀을 먹는다.

출구

이번 권정숙의 시집 『고요는 무채색』은, 몇 개의 서정과 '풍경을 태우고 가는 사랑의 기차'처럼, 추억과 기억 사이에서, 그 시적 다양성이 돌올하다. 언어를 통해 반드시 나타내려는 형상을 서정의 세계로 끌어오는가 하면, 시의 리듬과 몇 편의 아름다운 사랑의 변주곡을 사실주의 기법으로 조곤조곤 들려준다. 「시와 시인」을 통해 그녀가 얼마나 '시'와 '시인'에 대한 고뇌와 깊은 성찰을 하였는지 절실하게 다가

온다. 때론, '사랑과 비극'의 문제를 인생의 본질로 응시하기도 하고, 아이러니와 풍자 사이에서, 시의 뇌관은 폭발한다. 은유를 통해 두 사물의 비약과 조화를 꿈꾸기도 하고, 현대사회의 가족문제점을 파헤치기도 한다. 물론 시집 『고요는 무채색』 속에는, 미처 깊이 살피지 못한 시편들로 가득 차 있다. 때로는 「거짓말쟁이」를 통해, 글쟁이는 모두 거짓말쟁이임을 폭로하기도 하고, 자신도 시를 통해 독자들을 현혹하는 시인임을, 아이러니를 통해 웃기기도 한다. 작품「벽」에선, 전 시대 여자들이 겪은 '아버지'라는 벽, '남편'이라는 벽, '여자'라는 유리벽을, 통렬하게 비판하기도 한다. 작품 전체의 미적구조가 돋보인 「파란 구슬」은, 생략과 압축, 비약과 상상력을 버무려, 지구를 "예쁜 파란 구슬"로 환유한다. 그녀 식으로 말하면, 지구야말로 별 세계이자 요지경이며, 꽃이 피고 새가 울고, 그리고 온갖 유치찬란함이 동시에 폭발하는 곳이기도 하다. 「후투티를 아시나요」에선, 바람처럼 가볍고 알록달록한 꼬리가 패션의 완성을 이룬 새, 후투티를 통해 풍경의 신선한 색조를 입힌다. 은유의 시법으로 치고 나온 감각적인 시 「슬그머니 사라진 내 사랑」은, 핸드폰을 소재로 쓴 이색적인 시로서, 슬그머니 사라진 옛 사랑에 대한, 은유가 스며든 발상이 놀랍다. 하여, 권정숙의 첫 시집은 응시와 관찰을 통해, 자연의 고귀함을 성찰하는 법을 독자들에게 제시한다. 그녀의 시편들은 호기심으로 '목을 길게 빼고 뒤꿈치를 들고' 시 행간을 훔쳐보게 하는, 연

경거종延經擧踵의 풍경들로 소복하다. 이런 풍경은 향토적 시상이나 자연의 서정으로 드러나기도 하고, 삶을 무심히 바라보게 하는, 텅 빈 시학에 가닿는다. 물론 그녀가 다음 시집에서 넘어야 할 몇 가지 산도 있다. 언어의 뿌리를 끝까지 캐는 사유의 힘, 묘사의 현대적 이미지, 부조리한 사회 현상에 대한 다층적 시선, 개성적 서정 시어의 개발 등을 주문한다. 아니, 기대한다. *